Detering | Was heißt hier »wir«?

[Was bedeutet das alles?]

Heinrich Detering

Was heißt hier »wir«?

Zur Rhetorik der parlamentarischen Rechten

Reclam

4. Auflage

RECLAMS UNIVERSAL-BIBLIOTHEK Nr. 19619
2019 Philipp Reclam jun. Verlag GmbH,
Siemensstraße 32, 71254 Ditzingen
Gestaltung: Cornelia Feyll, Friedrich Forssman
Druck und Bindung: Kösel GmbH & Co. KG,
Am Buchweg 1, 87452 Altusried-Krugzell
Printed in Germany 2019

ISBN 978-3-15-019619-9

Auch als E-Book erhältlich

www.reclam.de

Inhalt

»Sie haben die unglaubwürdige Kühnheit, sich mit Deutschland zu verwechseln! Wo doch vielleicht der Augenblick nicht fern ist, da dem deutschen Volke das Letzte daran gelegen sein wird, nicht mit ihnen verwechselt zu werden.«

Thomas Mann, *Ein Briefwechsel* (1936)

Reizwörter und Leseweisen

Die Hitlerzeit – ein »Vogelschiss«; die in Hamburg geborene SPD-Politikerin Aydan Özoğuz – ein Fall, der »in Anatolien entsorgt« werden sollte; muslimische Flüchtlinge – »Kopftuchmädchen und Messermänner«: Formulierungen wie diese haben in den letzten Jahren und Monaten immer von neuem für öffentliche Empörung, für Gegenreden und Richtigstellungen gesorgt. Und für Schlagzeilen, mit denen die AfD im Scheinwerferlicht der Aufmerksamkeit und im Gespräch blieb.

»Vogelschiss«, »Entsorgung« und »Messermänner« sind Beispiele für eine Verhexung des politischen Diskurses durch Wörter, genauer: durch Schlagwörter und Kampfvokabeln, kalkulierte provozierende Verstöße gegen Höflichkeitsregeln und Taktempfinden, die sich die Verstoßenden als Trophäen ihres vorgeblichen Kampfes gegen Denkschablonen und Sprechverbote einer allgegenwärtigen *political correctness* ans Revers heften. Wer den Kampf unter diesen Vorgaben aufnimmt, hat ihn schon verloren. Denn es geht seinen Verursachern nicht um argumentative Überlegenheit, sondern um die Erschließung und Besetzung diskursiver Felder. Um das Abstecken von *claims* geht es, um den Ehrgeiz, mit Reizvokabeln »die Grenzen des Sagbaren auszuweiten«,[1] um die Steuerung der öffentlichen Aufmerksamkeit.

Die ebenso begreiflichen wie reflexhaften Empörungsgesten wirken darum oft nicht nur traurig hilflos (wie in den öffentlichen politischen Debatten im Parlament, in Zeitungen und Talkshows, so auch in den vielen privaten Diskussionen). Sie scheinen dem bösen Spiel der Provokateure nicht einmal wirksam Widerstand zu leisten. Vielmehr hat es den Anschein, als spielten die Empörten es unfreiwillig mit, als ließen sie sich von ihnen instrumentalisieren – jedenfalls solange Gegenstand des Kampfes nicht Argumente sind, sondern Meinungsführerschaft, Themensetzung und die Bestimmung der Schlagworte, um die und um deren Urheber sich möglichst viel drehen soll.

Wie könnte man diesem Schema entkommen? Vielleicht indem man der Verlockung widerstünde, die bösen Köder zu schlucken, an denen die hässlichen Wörter befestigt sind, und vielmehr Distanz wahrte und die Köder nur möglichst gründlich anschaute: die Positionen und Funktionen der Wörter in den jeweiligen syntaktischen, metaphorischen, argumentativen Kontexten betrachtete, die womöglich von den Metaphern verdeckten Argumente und Narrative freilegte – und bei alldem auch den Redegestus selbst im Blick behielte, dasjenige also, was die Weise des Sagens dem Gesagten hinzufügt, ohne dass es selbst ausgesprochen werden müsste. Dass nicht das Wort »Vogelschiss« böse ist, sondern seine Anwendung auf den industriell organisierten Massenmord an den europäischen Juden, das ist eine Banalität – und doch fällt es erfahrungsgemäß oft schwer, sie im Eifer des Gefechts im Auge zu behalten.

Im Folgenden geht es also nicht allein um die Wörter, sondern um ihre Kontexte, ihre Pragmatik und ihre Performanz. Es geht um Stilanalyse und Rhetorik. Dabei beschränke ich mich auf einzelne, überwiegend gut bekannte Redetexte, Interviews, Twitter-Nachrichten und Facebook-Posts der letzten Jahre – in einer durchaus subjektiven Auswahl, von der ich hoffe, dass sie als halbwegs repräsentativ gelten kann. (Dass dies alles hier nur exemplarisch, stichworthaft und andeutend geschehen kann, versteht sich von selbst; ich verweise auf die Leseempfehlungen im Anhang.) Ich unterziehe sie demselben *close reading*, mit dem ich mich in meiner wissenschaftlichen Forschung und Lehre auch Gedichten und Prosatexten der Literaturgeschichte zuwende (oder, auch das ist vorgekommen, Texten wie Adolf Hitlers *Mein Kampf*). Ich verfahre also auch anders als die Kolleginnen und Kollegen aus der Sprachwissenschaft, etwa Heidrun Kämper vom Mannheimer Institut für deutsche Sprache, Joachim Scharloth an der Universität Dresden oder der mit der Sprache der »Wutbürger« befasste Politologe Robert Feustel in Leipzig und Jena, die sich derzeit intensiv und auf ungleich breiterer Grundlage mit Analysen des rechtspopulistischen Sprachgebrauchs beschäftigen.

Meine Neulektüren einiger der meistdiskutierten Äußerungen führender AfD-Vertreter und -Vertreterinnen konzentrieren sich dabei vor allem auf diejenigen semantischen und stilistischen Merkmale, die *nicht* unmittelbar evident sind. Gerade einige der vermeintlich schon längst ausdiskutierten Provokationen der letzten Jahre zeigen, unterzieht man sie einer vergleichenden Analyse, ideologische Grundstrukturen, die noch immer bedrängend aktuell sind. Sie alle haben es mit dem zu tun, was im Tonfall einer scheinbaren Selbstverständlichkeit »wir« genannt wird – in positiven und, weit mehr noch, in negativen Bestimmungen. Diese Frage steht im Mittelpunkt der folgenden Überlegungen: Wer oder was ist das »Wir«, das »Uns«, das »Unser«, das in den Äußerungen der AfD wiederkehrend als »unser Volk«, »unser Vaterland«, »unsere Kultur« erscheint, als das ideologische Begriffszentrum, um das sich alles dreht?

Wir oder die Barbarei

Fast immer sind die Definitionen des vermeintlich abendländischen und des deutschen »Wir« in den Hassfloskeln von Pegida und AfD negativ bestimmt. Welche Merkmale die Gruppe positiv auszeichnen, die das Pronomen benennen soll, bleibt entweder offen oder es wird mit vagen Gemeinplätzen angedeutet, die einer genaueren Nachfrage nicht standhalten; der am häufigsten gebrauchte von ihnen ist der Hinweis auf eine – ihrerseits zumeist nicht näher bestimmte – spezifische »deutsche Kultur«. (Darauf ist später zurückzukommen.)

Vor allem aber bestimmt sich das fragliche »Wir« durch den wiederkehrenden Hinweis auf diejenigen, die *nicht* dazugehören sollen. Wir sind die, die nicht so sind wie die da. In einer privaten Mail – die sie im Nachhinein und mit wenig glaubwürdigen Gründen zur Fälschung erklären ließ – hat Alice Weidel 2013 beklagt, dass »wir von kulturfremden Völkern wie Arabern, Sinti und Roma etc. überschwemmt werden«. Überschwemmt sieht Frau Weidel »uns« nicht etwa von Völkern, denen unsere Kultur fremd ist – was als Behauptung über die seit Jahrhunderten in Europa lebenden Sinti und Roma immerhin auch nicht sehr weit entfernt ist von Hitlers Satz, ein Jude könne »kein Volksgenosse sein«. Sondern sie sagt, dass wir überschwemmt werden von »kulturfremden Völkern«, also von Menschen, denen Kultur schlechthin fremd ist. Sie meint das, was man im klassischen Griechenland »die Barbaren« nannte, und sie beschreibt es wie eine Naturkatastrophe: als Überschwemmung.

In dieser Konfrontation erscheint tödliche Gewalt unausweichlich. In ihrer Rede vor dem Deutschen Bundestag am 16. Mai 2018 hat Alice Weidel das in einer suggestiven Begriffskombination nahegelegt. Die Suggestion bestand nicht allein in der Verbindung von »Kopftuchmädchen« und »Taugenichtsen«, die Frau Weidel einen Ordnungsruf des Parlamentspräsidenten einbrachte, weil sie »alle Frauen« diskriminiere, »die ein Kopftuch tragen«.[2] Sie bestand vielmehr in der Kombination von »Kopftuchmädchen, alimentierten Messermännern und sonstigen Taugenichtsen«.[3] Diese Kombination unterstellt nämlich gleich viererlei: erstens, dass für einen muslimischen Mann das Messer dieselbe Bedeutung habe wie für eine muslimische Frau das Kopftuch; zweitens, dass das eine so gewaltaffin sei wie das andere; drittens, dass die so interpretierten Attribute Messer und Kopftuch bei Muslimen als die jeweils maßgebliche soziale Geschlechtsmarkierung dienten; und viertens, dass beide Attribute ihre Trägerinnen und Träger ohne weiteres, als sei das von selber evident, als »Taugenichtse« verrieten. Wer diese Fremden »alimentiert«, wie es der von Frau Weidel namentlich attackierte Grünen-Abgeordnete Anton Hofreiter fordert, der finanziert in dieser Logik das Verbrechen.

Desselben Verfahrens, die anderen suggestiv als Barbaren zu markieren, bedient sich Beatrix von Storch in einer Mitteilung, in der sie vor den Migranten mit den Worten warnt, es handle sich um »barbarische, muslimische, gruppenvergewaltigende Männerhorden«.[4] Das ist nicht nur in der Wortwahl offensichtlich beleidigend und verletzend (und auch so gemeint), sondern es ist auch in der Syntax bemerkenswert. Das ist in der allgemeinen Empörung oft übersehen worden. Ich meine die unauffällige Parallelisierung der drei Attribute, deren Neben- und Ineinander denselben falschen Schein von Natürlichkeit erzeugt wie die Kombination von Musliminnen mit Kopftüchern und Muslimen mit Messern. Frau Storch warnt ja nicht lediglich vor »barbarischen« und »gruppenvergewaltigenden Männerhorden«, deren Mitglieder im erörterten Fall Muslime sind. Sondern sie hat das »muslimisch« zwischen »barbarisch« und »gruppenvergewaltigend« so selbstverständlich eingeschoben, als gehöre es zum selben Begriffsfeld. (Folglich liegt hier wie auch sonst die Vorstellung barbarischer Gruppenvergewaltigungen *ohne* Muslime unterhalb ihrer Wahrnehmungsschwelle.)

In seiner Rede anlässlich der von der AfD veranstalteten »Demonstration für unsere Heimat« am 2. Juni 2016 in Elsterwerda hat Alexander Gauland einen »Versuch« angeprangert, »das deutsche Volk allmählich zu ersetzen durch eine aus allen Teilen dieser Erde herbeigekommene Bevölkerung«.[5] Wer aber unternimmt diesen Versuch? Wer will die Deutschen durch Fremde ersetzen, oder mit Gaulands verächtlicher Kontrastierung: das »deutsche Volk« durch »herbeigekommene Bevölkerung«? Ohne es auszusprechen (und sich damit einer argumentativen Begründungspflicht zu stellen), bezieht sich Gauland auf die rassistische Verschwörungstheorie von der angeblichen »Umvolkung« oder dem »großen Austausch«, wie sie von der Identitären Bewegung, in Deutschland von dem Publizisten Götz Kubitschek und von Ungarn bis in die USA von rechtsradikalen Ideologen vertreten und mit Vorliebe vermeintlichen jüdischen Weltverschwörern wie George Soros zugeschrieben wird. (Von der *FAZ* befragt, kann Gauland allerdings »nicht erkennen, dass Herr Kubitschek, den ich gut kenne, ein Rechtsextremer ist«, mit der erstaunlichen Begründung:

»das kann kein Rechtsextremer sein, denn dann müsste das alles [gemeint ist Kubitscheks Produktion in seinem Verlag Antaios] verboten sein.«)[6]

Entsprechend hat Gauland, in Übernahme einer von Björn Höcke eingeführten Formulierung, in Elsterwerda sekundiert, dass die »Kanzler-Diktatorin« das deutsche »Volk völlig umkrempelt und viele fremde Menschen uns aufpfropft und uns zwingt, die als Eigenes anzuerkennen«.[7] Gaulands gärtnerische Metapher verschiebt den Konflikt unauffällig und darum wirkungsvoll von der Kultur in die Biologie. »Wir« sind hier verwurzelt, naturwüchsig, ein Volk wie ein Baum; die Volks-Fremden werden uns aufgepfropft als biologisch fremde Triebe. Die Metapher ist in ihrem Kern rassistischer, als man es ihr ansieht.

Aus dem rassistischen Untergrund der Unterscheidung zwischen den Barbaren dort und uns Kulturträgern hier ergibt sich die unterschiedslose Anwendung auf Erwachsene und Kinder gleichermaßen mit mörderischer Konsequenz. Wo es um den Gegensatz zwischen biologischen Substraten geht, zwischen fremdem und eigenem Erbgut, da spielen Altersunterschiede keine Rolle mehr. Da gibt es keine Individuen mehr, sondern nur eine bedrohliche Masse: eine, wie Gauland in derselben Rede formuliert, gegen das deutsche Volk gerichtete »Politik der menschlichen Überflutung«.[8] »Einen Wasserrohrbruch«, hat er im Februar 2016 im *ZEITmagazin* erklärt, »einen Wasserrohrbruch dichten Sie auch ab. Wir müssen die Grenzen dicht machen und dann die grausamen Bilder aushalten.« Aus diesem Satz hat er dann mit kalter Präzision gefolgert: »Wir können uns nicht von Kinderaugen erpressen lassen.«[9]

Wer die Flut der Barbaren zurückdrängen, dabei grausame Bilder aushalten und sich von aus ihnen herausblickenden Kinderaugen nicht erpressen lassen will, der wird in der Tat notfalls so handeln müssen, wie es im selben Monat, am 30. Januar 2016, Beatrix von Storch auf ihrer Facebook-Seite formulierte: »Es ist so weit. [...] Wer das HALT an unserer Grenze nicht akzeptiert, der ist ein Angreifer. Und gegen Angriffe müssen wir uns verteidigen.«[10] Ob sie also auch Frauen und Kinder mit Waffengewalt fernhalten wolle, fragt ein erschrockener Leser; Frau von Storch antwortet: »Ja.« Dass sie diese schriftliche Antwort nachträglich wieder zurückzunehmen versuchte,[11] nimmt ihr nichts an (man möchte sagen: barbarischer) Folgerichtigkeit.

Das System der Zweideutigkeit

Natürlich spricht Alexander Gauland so wenig wie Alice Weidel oder Beatrix von Storch von »Rassefremden«. Charakteristisch gerade für die Redeweise des betont bildungsbürgerlich auftretenden Parteivorsitzenden Gauland erscheint vielmehr eine Rhetorik, die vorgibt, entschieden und eindeutig Stellung zu beziehen, ebendiese Stellung aber noch im selben Atemzug scheinbar wieder verlässt. Ein Beispiel gibt der von ihm wie von vielen Repräsentanten der AfD mit demonstrativer Verachtung ausgesprochene Begriff »System«; hinzu kommen Abkömmlinge wie »Systempresse« und »Systemparteien«.

Gegen sie ruft Gauland ausdrücklich eine »Revolution« aus – mit dem eiligen Hinweis, die sei natürlich nicht gewaltsam zu denken. (Aber sein Mitstreiter Björn Höcke hat mit einer abgeschmackten Adorno-Anspielung den »Halben« in der eigenen Partei eingeprägt: »Es gibt keine Alternative im Etablierten.«[12]) In der unspezifischen Allgemeinheit des Ausdrucks »das System« erinnert auch diese Redeweise nicht zufällig an die rechtsradikale Opposition gegen die Weimarer Republik. »Der Führer […] fordert heute im Namen dieses Volkes das System in die Schranken«, hieß es etwa 1932 im Wahlaufruf der NSDAP.[13]

Was also meint das Wort »System« beispielsweise in Gaulands in einem *FAZ*-Interview am 4. September 2018 geäußertem Satz: »Wir sind der Pfahl im Fleische eines politischen Systems, das sich überholt hat«?[14] Es gehört zum Redegestus Gaulands, sich nach einem Satz wie diesem rasch strategisch auf den Boden des Grundgesetzes zurückzuziehen: »kein vernünftiger Mensch« habe behauptet,

»dass die freiheitlich-demokratische Grundordnung weg muss«. Wäre das alles, so müsste man annehmen, dass es ihm lediglich um eine Ablösung der Bundesregierung gehe. Im selben Atemzug aber betont er, es müsse »mehr weg als nur die regierende Bundeskanzlerin«, nämlich – und weiter kann er sich in einem einzigen Satz schlechterdings nicht radikalisieren – »dieses politische System«.

Das aber ist etwas grundsätzlich anderes als etwa eine bestimmte Bundesregierung oder Politikerin. Regierungswechsel sind in der Bundesrepublik gerade keine Systemwechsel, sondern im Gegenteil *Bestandteile* eines Systems freier Wahlen. Wer im Hinblick darauf eine »Revolution« proklamiert, wie Gauland es tut, der will nicht die Bundesrepublik. Wer ein Pfahl im Fleische dieses Systems sein will, will nicht das Grundgesetz.

Und das deutet Gauland im selben Interview auch mit einer gewissen Nonchalance selber an. Die »friedliche Revolution«, für die seine Partei heute stehe, erinnert ihn an die »friedliche Veränderung von 1989«: den Aufstand also gegen einen autoritären Staat, der infolge dieser friedlichen Veränderung zu bestehen aufhörte. Die »freiheitlich-demokratische Grundordnung«, zu der Gauland sich in diesem Interview dreimal bekennt, ist, das besagt sein Vergleich des bundesrepublikanischen Systems mit demjenigen der DDR, innerhalb der heute bestehenden Bundesrepublik nicht zu gewährleisten.

Also *was* kann man ihm zufolge eine friedliche Revolution nennen? »Diejenigen, die die Politik Merkels mittragen, das sind auch Leute aus anderen Parteien und leider auch aus den Medien. Die möchte ich aus der Verantwortung treiben. Das kann man eine friedliche Revolution nennen.« Nicht nur die Vertreter von Parteien also, denen in freien Wahlen Verantwortung übertragen oder entzogen werden kann, soll Gaulands Revolution »aus der Verantwortung treiben«, sondern auch die angeblichen Merkel-Unterstützer »aus den Medien«.[15]

Kalkulierte Mehrdeutigkeiten dieser Art finden sich nicht nur am radikalen Rand, sondern auch in der Mitte der Gesellschaft, sogar in der Mitte der Bundesregierung. Ich begnüge mich auch hier mit einem einzigen, öffentlich vieldiskutierten Satz des damaligen Innenministers Horst Seehofer: »Die Migrationsfrage ist die Mutter aller politischen Probleme in diesem Land.«[16] Nehmen wir auch diesen Satz ernst, und nehmen wir ihn beim Wort, dann behauptet er keineswegs nur, wie man angesichts der öffentlichen Resonanz annehmen könnte, es handle sich halt um eine Frage von höchster Dringlichkeit. Sondern er besagt erstens, dass »die Migrationsfrage« eine Überbietung aller anderen Fragen bedeute; so wie die vom Minister aufgegriffene Wendung Saddam Husseins von der »Mutter aller Schlachten« diejenige Schlacht androhen sollte, der gegenüber alle anderen Schlachten verblassten (als ein »Vogelschiss«, sozusagen). Zweitens besagt er, dass alle politischen Probleme eine gemeinsame Mutter haben – was schon für sich genommen eine überraschende Behauptung ist – und dass diese Mutter, dieser Ursprung, der alle anderen Probleme gebiert, die Migrationsfrage sei. Es gäbe, so besagt der Satz, keine politischen Probleme mehr, wenn es »die Migrationsfrage« nicht gäbe.

Und er besagt noch etwas, das man eben deshalb überliest, weil es so offen zutage liegt. Indem er einen Sachverhalt als Substantiv mit bestimmtem Artikel benennt, setzt er ihn mit dem Satzanfang sogleich als fraglos gegeben voraus: Es gebe genau eine, nämlich »die Migrationsfrage«. Wie aber würde diese Frage lauten, wenn man sie in einem eigenen Satz formulieren sollte? Natürlich hat Seehofer gar keine wirkliche Frage gemeint, sondern einen Problemkomplex, den er umgangssprachlich zusammenfasst. Der sich damit wie von selbst ergebende Singular aber legt nicht nur die im Wortsinne: Einfachheit »der« Frage nahe. Er suggeriert auch, dass es nur genau eine Antwort gebe. Welche Antwort könnte das sein? Ein Satz wie »Migranten raus!« wäre eine naheliegende Möglichkeit. Seehofer nutzt sie nicht; das bleibt den Sprechchören auf der Straße überlassen.

Alexander Gauland hat Seehofers Anregung auf seine Weise aufgenommen, in der thematischen Fokussierung und in der Redeweise, die nichts gesagt haben will und doch sehr viel mehr sagt, als sie zugibt. In einer Wortmeldung im Deutschen Bundestag im September 2018, die mit einem sarkastischen Zitat von Seehofers Satz beginnt, lässt er keinen Zweifel daran, dass mit dem Abstraktum »Migration« niemand anderes gemeint sei als die sehr konkreten *Migranten.* Und er will anschaulich machen, wer die da sind, im bedrohlichen Gegensatz zu uns hier. In einer Aufzählung von Gewalttaten der letzten Monate erwähnt er neben gerichtsnotorischen Straftätern auch »drei Männer, der Täterbeschreibung zufolge vermutlich Nordafrikaner«, »mehrere männliche Personen, die als ›dunkelhäutig‹ beschrieben« werden, und »Schläger, der Beschreibung zufolge ›Südländer‹«. Dabei ist er sich keineswegs klar darüber, ob die so Beschriebenen deutscher Nationalität sind oder nicht; vielmehr setzt er als selbstverständlich voraus, dass

Menschen südländischen Aussehens nicht zu *uns* gehören können (wie er umgekehrt auch von nordeuropäisch aussehenden Deutschen, die ähnliche Gewalttaten begehen, nichts zu wissen scheint). Für die Schuldzuschreibung genügt es schon, »der Täterbeschreibung zufolge vermutlich Nordafrikaner« oder »der Beschreibung zufolge ›Südländer‹« oder überhaupt nur »als ›dunkelhäutig‹ beschrieben« zu sein. Gauland beklagt nicht die Gewalt auf den Straßen, sondern er beklagt, dass sie von den anderen Leuten ausgeübt worden ist, ›denen da‹. In derselben Äußerung wird die Gewalt, die in Chemnitz von rechtsradikalen Deutschen gegenüber Ausländern verübt worden ist – oder vielmehr: gegenüber allen möglichen Unbeteiligten, die »der Beschreibung zufolge ›Südländer‹« sein könnten –, heruntergespielt in Sätzen wie diesem:

> Hunderte Chemnitzer machten spontan von ihrem demokratischen Grundrecht auf Versammlungsfreiheit Gebrauch, taten ihre Empörung über die Folgen der Einwanderungspolitik der Kanzlerin kund.[17]

In derselben Wortmeldung im Bundestag hat Gauland noch einen weiteren Satz gesagt, der mir für diese manipulative Rhetorik des Behauptens und Ausweichens besonders charakteristisch erscheint: »Hass ist [...] keine Straftat«. Dieser Satz folgt der Regel: »Widersprich Behauptungen, die niemand aufgestellt hat!« Niemand im Deutschen Bundestag hatte ja behauptet, Hass sei ein Straftatbestand. Viele aber hatten darauf hingewiesen, dass aus Hass Taten hervorgehen können, die einen Straftatbestand erfüllen. Gaulands Satz spricht mit dem Pathos der Lakonie eine Banalität aus, suggeriert aber, dass auch die aus Hass hervorgegangenen Taten straffrei sein sollten – und zwar dann, wenn der Hass berechtigt sei. Vollständig zitiert lautet sein Satz nämlich: »Hass ist erstens keine Straftat und hat zweitens in der Regel Gründe.«[18] Auch dies ist natürlich eine Banalität. Der Satz baut auf die vermeintliche Evidenz des Banalen, meint aber etwas anderes. »Hass ist erstens keine Straftat und hat zweitens in der Regel Gründe« legt eine Schlussfolgerung nahe, die er unausgesprochen lässt: Begründeter Hass erzeugt begründete Straftaten. Und am Ende sind es nicht einmal Straftaten gewesen, sondern nur Ausdruck der berechtigten »Empörung über die Folgen der Einwanderungspolitik der Kanzlerin« und Ausübung des Rechts auf Versammlungsfreiheit.

In einem Gastbeitrag für die *FAZ* hat Gauland diese Empörung im Oktober 2018 gerechtfertigt – mit dem Verständnis für »diejenigen, für die Heimat noch immer ein Wert an sich ist und die als Erste ihre Heimat verlieren, weil es ihr Milieu ist, in das die Einwanderer strömen«.[19] Was hier »Einwanderer« heißt, nennt Gauland in anderen Äußerungen »Flüchtlinge«. Was aber sind, per definitionem, Flüchtlinge? Eben: »diejenigen, für die Heimat noch immer ein Wert an sich ist und die als Erste ihre Heimat verlieren« – weil sie nicht von Einwanderern vertrieben worden sind, sondern beispielsweise von Taliban oder IS-Milizen.

Unser Deutschland, unsere Vernichtung, unsere Rache

Fragt man über die fortwährenden negativen Ab- und Ausgrenzungen hinaus weiter, was denn in der Rhetorik der AfD »uns«, also »die Deutschen«, von den barbarischen Anderen positiv unterscheidet, dann verweist die Antwort immer auf die deutsche Kultur und Geschichte. Dabei legen die Antwortenden zuerst und vor allem Nachdruck auf deren bruchlose Kontinuität jedenfalls bis ins Jahr 1945. Ein Beispiel gibt die bekannte, heftig diskutierte und doch immer noch nachlesenswerte Bemerkung Alexander Gaulands beim Kyffhäuser-Treffen der AfD am 2. September 2017: »Wenn die Franzosen zu Recht stolz auf ihren Kaiser sind und die Briten auf Nelson und Churchill, haben wir das Recht, stolz zu sein auf die Leistungen deutscher Soldaten in zwei Weltkriegen.«[20]

Offensichtlich sind hier mit dem »Wir«, in Analogie zu »den Franzosen« und »den Briten« die Deutschen gemeint, die auf die »Leistungen deutscher Soldaten in zwei Weltkriegen« stolz sein dürften. Das Eigenartige an Gaulands Behauptung aber ist ihr Satzbau. Genauer: seine Konditionalstruktur, das »wenn – dann«. Sie unterstellt eine logische Zwangsläufigkeit nach dem Schema: Wenn jeder Philosoph ein Mensch ist und Sokrates ein Philosoph, dann ist Sokrates ein Mensch. Aber wenn tatsächlich alle Franzosen stolz auf Napoleon sein sollten und alle Briten auf Lord Nelson und Winston Churchill – warum sollte daraus folgen, dass die Deutschen stolz sein sollten auf Reichswehr und Wehrmacht? Wenn die Müllers stolz sind auf ihre begabte Tochter Erna, warum folgt daraus, dass wir stolz sein müssen auf die Leistungen unseres kriminellen Sohnes Fritz? Oder andersherum: Wenn die Engländer stolz auf Lord Nelson sind, warum sollen wir Deutschen dann nicht stolz sein auf, beispielsweise, Angela Merkel?

Aber das Problem dieses Satzes liegt, scheint mir, tiefer. Zunächst fällt auf, dass Gaulands Vergleich semantisch *asymmetrisch* ist, obwohl er ja gerade ein symmetrisches Verhältnis betonen soll: zwischen Stolz hier und Stolz dort. Auf der einen Seite stehen drei Personen, nämlich Napoleon, Lord Nelson und Churchill; auf der anderen Seite hingegen steht ein Abstraktum, nämlich eine Gesamtheit von Leistungen. Symmetrisch – und damit die behauptete Analogie allererst begründend – wäre die Formulierung *entweder*, wenn auf der einen Seite die britische Armee im Zweiten Weltkrieg stünde und auf der anderen die deutsche Wehrmacht; dann würde sie besagen, dass die Leistungen in der Niederschlagung des Nationalsozialismus ebenso bewundernswürdig seien wie die Taten der Kämpfer für den Nationalsozialismus selbst. *Oder* es stünde, falls es beim Vergleich historischer Personen bleiben sollte, auf der einen Seite der Oberbefehlshaber Winston Churchill und auf der anderen der Oberbefehlshaber Adolf Hitler. (Nebenbei bemerkt: AfD-Kritikern wird manchmal vorgeworfen, zu rasch mit Begriffen wie »Faschismus« oder »Nazis« bei der Hand zu sein. Ich möchte gern dagegenfragen: Wo sollte man diese Begriffe bei der Hand haben, wenn nicht hier?)

Je länger man die Äußerungen führender AfD-Vertreter anschaut, desto deutlicher wird, dass ihr »Wir« ebenso ambivalent ist wie ihr Umgang mit Begriffen wie »System« und »Revolution« oder mit Metaphern des Rassismus. Der

Spitzenkandidat der AfD in Thüringen, den Gauland ungeachtet aller anderweitigen Relativierungen »meinen Freund Björn Höcke« nennt, hat in seiner Dresdner Rede im Januar 2017 die einschlägigen Argumentations- und Redefiguren in mustergültiger Klarheit vorgeführt. »Unser liebes Volk«, sagt er – »Unser liebes Volk ist im Inneren tief gespalten und durch den Geburtenrückgang sowie die Masseneinwanderung erstmals in seiner Existenz tatsächlich elementar bedroht.«[21] (Wieder die »Umvolkung«, der »große Austausch«.)

Die dafür verantwortlichen Feinde – die von Höcke so genannten »Altparteien, auch die Gewerkschaften, vor allen Dingen auch die Angstkirchen« und so fort: Sie »lösen unser liebes deutsches Vaterland auf wie ein Stück Seife unter einem lauwarmen Wasserstrahl. Aber wir, liebe Freunde, wir Patrioten werden diesen Wasserstrahl jetzt zudrehen«. Aber wie muss man sich das unmetaphorisch vorstellen, dass der Wasserstrahl der Parteien, der Kirchen und Gewerkschaften von den Patrioten »zugedreht« wird? Höcke fährt im selben Satz fort: »… wir werden uns unser Deutschland Stück für Stück zurückholen.« Und zwar gegen eine Regierung, die »zu einem Regime mutiert« ist. (Hier wird der Gedanke anschlussfähig an die von Gauland eingeführte Analogisierung von Honecker- und Merkel-»Regime«.) Höckes Freunde sollen diesen Aufstand des patriotischen Volkes gegen das Regime der gewählten Vaterlandsfeinde vollbringen als eine »fundamentaloppositionelle Bewegungspartei«.[22]

Aber wer ist gemeint mit dem »Wir«, dem in dieser zeitgeschichtlichen Perspektive »unser Deutschland« gehört; welche »Bewegung« ist es, die sich ihr »liebes Volk« und ihr »liebes Vaterland« »zurückholen« will? Die diffamierten Parteien, Gewerkschaften und Kirchen gehören, daran lässt der Redner keinen Zweifel, nicht dazu, sie sind »unserem Volk« und »Vaterland« so fremd wie die Einwanderer; die Sprechchöre, die Höcke mit dem Kampfruf gegen die »Volksverräter! Volksverräter!« anfeuern, markieren das unmissverständlich. (Und Alexander Gauland markiert es auf seine Weise, wenn er seine Zuhörer in Elsterwerda dazu verpflichten will, die Kirchen zu Werkzeugen des Nationalismus zu machen: »es ist Ihre Aufgabe, in den Kirchen dagegen zu wirken, dass dieses Land von der Erde verschwindet und sozusagen nur noch irgendeine uns fremde Bevölkerung hier lebt. Wir sind die Deutschen!«[23]) Höckes deutsches Volk – das sind zuerst nur seine Gesinnungsgenossen; gleich danach aber kommen wir anderen, Abtrünnigen oder demokratisch Verführten, die »zurückgeholt« werden müssen.

»Aber wir, liebe Freunde, [...] wir werden uns unser Deutschland Stück für Stück zurückholen.« Was, so ist weiter zu fragen, meint in diesem Satz das Wort »zurück«? Höcke setzt eine *Zeitenwende* voraus, einen Gegensatz von Vorher und Nachher. Vor dieser Wende, diesem jähen Abbruch einer bis dahin ununterbrochenen Kontinuität war da »unser einst intakter Staat«, »unsere einst hochgeschätzte Kultur«, »unsere einst schöne Heimat«, »unsere einst stolzen Städte«, »unsere einst geachtete Armee«.[24] Wann aber war dieses »einst«, wann beginnt das gedemütigte, erniedrigte Jetzt? Höcke datiert seine Zeitenwende erstaunlich präzise, nur tut er es indirekt, über die Bande. Gut und richtig waren die Zustände demnach vor der »umfassenden Amerikanisierung« und der »nach 1945 begonnenen systematischen Umerziehung«. Gut und richtig waren sie vor dem – er nennt dieses Datum in seiner Polemik gegen Richard von Weizsäcker ausdrücklich – 8. Mai 1945.

Es ist genau *dieser* Zusammenhang, in dem das Wort vom »Denkmal der Schande« fällt, das vom verblendeten deutschen Volk »in das Herz seiner Hauptstadt gepflanzt«[25] worden sei – eine beiläufige Variante des Gauland'schen Bildes vom »Aufpfropfen« des Fremden auf den naturwüchsigen deutschen Baum. Björn Höcke hat in einer nachträglichen Erklärung viel Mühe darauf verwendet, nachzuweisen, dass er mit der »Schande« doch schließlich den Holocaust gemeint habe, er sich also hier ganz im Einvernehmen mit seinen voreiligen Kritikern befinde:

> »Wir Deutschen sind das einzige Volk, das sich ein Denkmal der Schande in das Herz seiner Hauptstadt gepflanzt hat.« Das heißt, ich habe den Holocaust, also den von Deutschen verübten Völkermord an den Juden, als Schande für unser Volk bezeichnet. Und ich habe gesagt, dass wir Deutsche diesem auch heute noch unfassbaren Verbrechen, also dieser Schuld und der damit verbundenen Schande mitten in Berlin, ein Denkmal gesetzt haben. Was ist daran falsch?[26]

Höckes rhetorische Frage ist leicht zu beantworten. Falsch ist, dass er dies alles in seiner Rede gesagt habe. Weder im unmittelbaren Kontext noch sonst irgendwo ist dort vom Holocaust auch nur andeutend die Rede – oder vielmehr: nicht von demjenigen Holocaust, den deutsche Mörder an jüdischen Opfern exekutierten. Hier geht es ausschließlich um die Gegenseite, um die Absichten und Taten derjenigen, die damals den NS-Terror beendeten: zunächst nur um das »Kriegsverbrechen« der alliierten »Bombardierung Dresdens«, dann um die Bombardierungen »der anderen deutschen Städte« insgesamt, schließlich – drei Argumentationsschritte in einem Satz – um den mit alldem verfolgten Vorsatz: Als Ziel der Alliierten nämlich sieht Höcke »nichts anderes als uns unsere kollektive Identität [zu] rauben«. Und dann fügt er noch eine entscheidende Metapher hinzu: »Man wollte uns mit Stumpf und Stiel vernichten, man wollte unsere Wurzeln roden.«[27] »Man« sind die Alliierten, »wir« sind die wahren, die patriotischen Deutschen, und »roden« heißt: ausrotten. (Es ist derselbe Wortstamm, und beinahe könnte man meinen, der Geschichtslehrer Höcke empfinde eine Art Hemmung, das gemeinte »Ausrotten« mit diesem Wort offen auszusprechen.)

Man muss auch diese Sätze langsam und mehrfach lesen, um die Ungeheuerlichkeit des rhetorisch verschleiernden, aber sachlich unmissverständlichen Zusammenhangs zu begreifen: Ziel der alliierten Kriegsführung ist es Höcke zufolge gewesen, nicht nur gegen die deutsche »Identität« – was immer das in der Zeit der NS-Herrschaft gewesen sein mag –, sondern gegen den physischen Bestand des deutschen Volkes einen Vernichtungsfeldzug zu führen. Ziel der Alliierten war, Höcke sagt es genau so, die Ausrottung des deutschen Volkes: der Holocaust an den Deutschen. Die »nach 1945 begonnene systematische Umerziehung« der Überlebenden erscheint ihm nur als eine Fortsetzung desselben Plans mit anderen Mitteln. Das entscheidende Wort in seinem unmittelbar folgenden Satz ist darum das unauffällige kleine »das«: »Und zusammen mit der dann nach 1945 begonnenen systematischen Umerziehung hat man das auch fast geschafft.«[28] Das: die Ausrottung von »uns«, und zwar »mit Stumpf und Stiel«.

Wenn Höcke an diesem Punkt seiner Rede vom »Denkmal der Schande« spricht, dann bezieht sich dieser Ausdruck – anders als in den früheren Verwendungen, auf die sich Höcke nachträglich zu seiner Verteidigung berufen hat (bei Rudolf Augstein oder Martin Walser) – nicht auf das durch das Denkmal erinnerte *Geschehen*. Die Schande ist für ihn *das Denkmal selbst*, als Ausdruck für den »Gemütszustand [...] eines total besiegten Volkes«. Seine spätere Selbstinterpretation soll der Rede nachträglich hinzufügen, was sie selber nicht enthält. Das, was gewöhnlich der »Holocaust« heißt, kommt in Höckes Rede weder dem Wortlaut noch der Sache nach vor. Vielmehr ersetzt sie die Erinnerung an den Vernichtungskrieg der Wehrmacht gegen Russen und Polen durch die Behauptung eines Vernichtungskriegs der Alliierten und das Gedenken des Holocaust durch die Unterstellung eines geplanten Völkermords an den Deutschen. Zu dessen politischer Fortsetzung gehört in der Argumentation der Rede auch die Etablierung des Berliner Denkmals; zu ihr gehört auch die große Verschwörung, die »unser liebes Volk« durch Fremdrassige ersetzen soll.

Die Art, in der Höcke sich die bei Augstein oder Walser gefundene Wendung vom »Mahnmal der Schande« aneignet, in der Zweideutigkeit von *genitivus obiectivus* (das Denkmal erinnert an die Schande) und *genitivus explicativus* (das Denkmal ist schändlich), gibt ein besonders instruktives Beispiel für die Kunst der subtilen Ambivalenz, die ihm hier, nicht anders als Gauland, jederzeit den Rückzug ins Unanstößige offenhalten soll. Im Vertrauen auf eine öffentliche Wahrnehmung, die sich mit der Skandalisierung eines Wortes und einer Wendung begnügt, will er nachträglich den Kontext vergessen machen, in dem das eigentlich Gemeinte gar nicht zu überhören war – jedenfalls für die Zuhörer in Dresden, deren an dieser Stelle ausbrechender Beifall schwerlich Höckes Empörung über den Holocaust galt.

An diesem Kontext ist so wenig misszuverstehen wie am vorausgesetzten Zeit-Schema. Die von Höcke angeprangerte deutsche Schande – für ihn hat sie 1945 nicht geendet, sondern begonnen. Nicht die von Deutschen unternommene Vernichtung der europäischen Juden, der Vernichtungskrieg im Osten ist für ihn eine Schande, sondern die Entmachtung derjenigen, die diesen Terror betrieben haben. »Man« nennt er sie, aber er meint unzweifelhaft die Vertreter der westlichen Demokratien. Und ihre deutschen Helfershelfer. Richard von Weizsäckers Rede über die »Kollektivscham« angesichts der NS-Verbrechen nennt er folgerichtig »eine Rede gegen das eigene Volk«. Die westlichen Demokratien sind für ihn die Vernichter und Zerstörer des eigentlichen deutschen Wesens; ihre den Deutschen aufgezwungenen Regierungssysteme und Gesellschaftsformen setzen fort, was den Bombergeschwadern nicht gelang.

In dieser Verschiebung des Bildfeldes von der kriegerischen Vergangenheit auf die bundesrepublikanische Gegenwart zeichnen sich die Grundlinien der großen, ins Weltgeschichtliche ausgreifenden Verschwörungstheorie ab, die der Rhetorik der Rechten ausgesprochen oder unausgesprochen fast immer zugrunde liegt: Wollten damals die Kriegsgegner im Kampf gegen Hitlerdeutschland »unsere Wurzeln roden«, so verfolgt nun die Flüchtlingspolitik der »Kanzler-Diktatorin« denselben Zweck, indem sie »viele fremde Menschen uns aufpfropft«. Dort bei Gauland wie hier bei Höcke ist nicht nur die Metaphorik dieselbe, sondern auch der in ihr formulierte Leitgedanke: Wie Höcke zum letzten Aufbegehren gegen die Vernichtung der Deutschen »mit Stumpf und Stiel« aufruft, so empört sich Gauland in Elsterwerda gegen den (diesmal der Grünen Partei unterstellten) »Versuch, das Deutsche auszulöschen«.[29]

Infolge der 1945 begonnenen Umerziehung weg vom Nationalsozialismus hin zur Demokratie befinden diejenigen, die Höcke »wir« nennt, sich bis in die Gegenwart hinein, »immer noch«, in einer »Geistesverfassung« und im »Gemütszustand [...] eines total besiegten Volkes«. »Total« war also nicht der Krieg, den Goebbels gegen die zivilisierte Welt ausgerufen hat, »total« war vielmehr der Sieg der parlamentarischen Demokratie und der offenen Gesellschaft. Man muss sich das in der Deutlichkeit vor Augen halten, in der er selber es sagt. Höckes Antwort auf die Frage, wen er mit »unser Volk« meint, lautet: das, was am 8. Mai 1945 besiegt worden ist. Dagegen sind für ihn alle, die heute in Deutschland leben und sich zu Demokratie, Westbindung, offener Gesellschaft bekennen, Volksfeinde und Verräter – im günstigsten Fall noch irgendwie »zurück[zu]holen«, an den schlechtesten mag man gar nicht denken.

Ich und meine Gemeinschaft

Bemerkenswert an Höckes Dresdner Rede ist aber nicht nur das, was er sagt, sondern auch der Redegestus, in dem er das tut. Die Instanz, auf deren Autorität er seine Behauptungen baut, ist keine Ideologie oder politische Bewegung. Sondern diese autoritative Instanz ist allein er selbst. Je länger er spricht, desto intensiver grenzt er nicht nur ›die dort‹ von ›uns hier‹ ab, sondern auch ›euch‹ von ›mir‹. Er, der Einzelne, besitzt die Fähigkeit, Vergangenheit, Gegenwart und Zukunft souverän zu überblicken und alle Täuschungen zu durchschauen; und er besitzt infolge dieser Fähigkeit die Vollmacht, uns, den Vielen, den Weg zu weisen, ja ausdrücklich Weisungen zu erteilen: »Ihr merkt, ich will es euch nicht leicht machen. Ich weise euch einen langen und entbehrungsreichen Weg. Ich weise dieser Partei einen langen und entbehrungsreichen Weg.«[30] Das ist das Führerprinzip, erneuert in Dresden 2017 und geronnen zur autoritären Syntax. Der Redner befiehlt, die Zuhörer folgen, notfalls durch Entbehrungen hindurch.

Und erst jetzt, nachdem er sich als einsamen Seher und Führer der Vielen selbst autorisiert hat, benennt Höcke das Ziel des Weges, den er uns aus der endlich wahrheitsgemäß erkannten deutschen Geschichte heraus in die Zukunft weist: Er »ist der einzige Weg, der zu einem vollständigen Sieg führt, und dieses Land braucht einen vollständigen Sieg der AfD«. (Die Partei ist für ihn, notabene, »die letzte friedliche Chance für unser Vaterland«; danach kommt der Bürgerkrieg.) Dieser Satz verschmilzt zwei Gedanken zu einem. Erstens: Der vollständige Sieg der AfD wäre die Wiederherstellung dessen, was 1945 verlorengegangen ist.

Und zweitens: Das auf Höckes Weg vollständig siegreiche »Volk« ist in seinem Wesen identisch mit seiner Partei, die wiederum in ihren zukunftweisenden Maximen identisch ist mit seinem eigenen Willen. Die Partei repräsentiert das wahre Volk, ihre Gegner sind die Feinde des Volkes. Volk und Partei sind eins, und sie sind es, wenn sie dem Weg ihres Führers folgen. Dies alles – aber erst im Nachhinein wird es deutlich, wenn man die Rede gewissermaßen von hinten nach vorn liest – war gemeint mit dem Versprechen: »wir werden uns unser Deutschland Stück für Stück zurückholen.«

Und dies alles ist nun keineswegs nur die Sicht des Rechtsauslegers Höcke auf das, was er »unsere Geschichte« nennt. Genau so hat es auch der vornehme, nach jedem Rechtsausfall auf den Boden des Grundgesetzes zurückeilende Herr Gauland formuliert, nach der letzten Bundestagswahl. Aber diese Übereinstimmung bemerkt man erst, wenn man nicht nur die inhaltlichen Provokationen wahrnimmt, sondern auch die rhetorischen Verfahren, die Stilprinzipien. »Wir werden sie [die Bundeskanzlerin] jagen«, so hat es Gauland am Wahlabend mit Höckes Worten in die Fernsehkameras gesagt, und: »Wir werden uns unser Land und unser Volk zurückholen.«[31] Nur scheinbar meint er mit der Wendung »unser Land und unser Volk« alle Deutschen. Im Gegenteil will er deren Mehrheit mundtot machen, zugunsten der Partei, die diejenigen Verhältnisse von Land und Volk wiederherstellen, »zurückholen« will, die mit der Westbindung verlorengegangen sind. Nicht »Wir sind das Volk« besagt Gaulands »unser«, sondern: »Uns gehört das Volk«, »uns steht es zu«.

In unfreiwillig komischer Zuspitzung zeigt sich diese Haltung in der Rede, die Gauland in der Generaldebatte des Bundestags am 21. März 2018 gehalten hat – genauer: im Pronominalgebrauch. Gauland spricht hier, gerichtet an die Bundeskanzlerin, auf eine überraschende Weise vom »Wir« des Volkes:

> Das Selbstbestimmungsrecht eines Volkes umfasst natürlich auch das Recht zu bestimmen, mit wem ich zusammenleben will und wen ich in meine Gemeinschaft aufnehme. Es gibt keine Pflicht zu Vielfalt und Buntheit. Es gibt auch keine Pflicht, meinen Staatsraum mit fremden Menschen zu teilen.[32]

Auch diese Sätze verraten mehr, als der Redner aussprechen wollte. Das Selbstbestimmungsrecht eines Volkes umfasst unter anderem das Recht, über sein Parlament und seine politische Führung zu bestimmen (also beispielsweise darüber, wer Bundeskanzlerin wird). Es umfasst aber keineswegs das Recht zu entscheiden, »mit wem ich zusammenleben will«. Die Erfahrung der wohl oder übel zu akzeptierenden »Pflicht, meinen Staatsraum mit fremden Menschen zu teilen«, macht jede Benutzerin des öffentlichen Nahverkehrs an jedem Morgen in der U-Bahn; auch Gauland kann sich nicht aussuchen, mit welchen Menschen er einen Staatsraum teilen muss, der nur unter anderem auch der seine ist. Aber seine Verwechslung von »ich« und »wir« ist kein Versprecher. Erst sie ermöglicht den Übergang von den Rechten des Kollektivsubjekts »Volk« zu den Vorlieben und Abneigungen seiner einzelnen Angehörigen, die manchmal gerade aus dem Respekt vor Entscheidungen des Staatsvolkes, beispielsweise in freien Wahlen, zurücktreten müssen – oder einfach angesichts des Umstandes, dass die anderen, mit denen ich täglich zusammenleben muss, auch dann vielfältig und bunt sein wollen und dürfen, wenn ich es lieber einfältig und grau hätte. Das von Gauland beanspruchte Recht, allein zu entscheiden, »wen ich in meine Gemeinschaft aufnehme«, ist so tragikomisch wie die in dieser Formulierung vorausgesetzte Vorstellung einer Gemeinschaft, die allein aus Alexander Gauland bestünde.

Als Thomas Mann 1936 wegen seines Kampfes gegen die NS-Diktatur die Ehrendoktorwürde der Bonner Universität entzogen wurde, antwortete er mit einem offenen Brief, der sich im Exil rasch als Flugschrift verbreitete. Vieles daraus verdiente hier zitiert zu werden; ich beschränke mich auf einen einzigen Satz, der sich heute so liest, als sei er auf Gauland und Weidel, Storch und Höcke gemünzt:

> Das Reich, Deutschland soll ich beschimpft haben, indem ich mich gegen *sie* bekannte! Sie haben die unglaubwürdige Kühnheit, sich mit Deutschland zu verwechseln! Wo doch vielleicht der Augenblick nicht fern ist, da dem deutschen Volke das Letzte [also: restlos alles, H.D.] daran gelegen sein wird, nicht mit ihnen verwechselt zu werden.[33]

Tausend Jahre, zwölf Jahre

Damit bin ich schließlich bei dem zweiten Begriff angekommen, mit dem die Frage nach einer positiven Bestimmung des deutschen »Wir« beantwortet wird, und das ist neben der Geschichte – die häufig geradezu obsessiv auf die NS- und die Nachkriegszeit reduziert erscheint – die »kulturelle Identität« als die Summe aller angenommenen Wesenseigenschaften des Kollektivsubjekts »Deutsches Volk«.

Es ist charakteristisch für die Denk- und Redeweise der Rechten – und zwar keineswegs nur der extremen Rechten –, diese Identität als eine räumlich und zeitlich stabile, kontinuierliche und mit einem biologischen Substrat verbundene Sache anzunehmen. Und es ist leider keineswegs mehr banal, gegen diese Auffassung daran zu erinnern, dass jede Kultur in sich plural ist, mehrstimmig, divergent:

> Kein Lebendiges ist ein Eins,
> Immer ists ein Vieles

schreibt Goethe.[34] Suchte man für diesen Satz eine Veranschaulichung, die deutsche Kulturgeschichte gäbe ein plastisches Beispiel. Deutschland ist so heidnisch wie die Merseburger Zaubersprüche, so evangelisch wie Luther, so katholisch wie Ratzinger und so antichristlich wie Nietzsche, so jüdisch wie Martin Buber und so muslimisch wie Navid Kermani; Deutschland ist so mystisch wie Hildegard von Bingen und so aufklärerisch wie Immanuel Kant; so romantisch wie Eichendorff und Bettine von Arnim und so antiromantisch wie Marx und Engels; so männerliebend wie August von Platen und so *straight* wie Heinrich

Heine – die Reihe wäre wahrhaft *unendlich* fortzusetzen, und es ist beinahe peinlich, daran überhaupt erinnern zu müssen.

Aber nur beinahe. Denn wenn Alexander Gauland mokant darauf hinweist, eine Orientierung Richtung Westen finde sich bei dem, wie er sagt, »Düsseldorfer Juden Heine«,[35] während Gauland den abgeklärten Preußen Fontane zitiert, dessen Stechlin in den russischen Osten geblickt hätte, dann ist das nicht nur sachlich haarsträubend falsch (kein Dichter liebte die deutsche Romantik inniger als Heine, kein ironischer Skeptiker war Frankreich herzlicher verbunden als Fontane). Es ist auch eine Ohrfeige ins Gesicht der deutschen Kultur selbst – jener Kultur, deren Größe und Dauer Gauland auch mit der Relativierung der NS-Zeit zum bloßen »Vogelschiss« verteidigen wollte. »Hitler und die Nazis sind nur ein Vogelschiss in über tausend Jahren erfolgreicher deutscher Geschichte«: Auf dem Bundeskongress der *Jungen Alternative* hat Alexander Gauland das am 2. Juni 2018 im thüringischen Seebach erklärt. Es lohnt, auch diesen Satz im Zusammenhang der Rede zu lesen:

> Wir haben eine ruhmreiche Geschichte, daran hat vorhin Björn Höcke erinnert. Und die, liebe Freunde, dauerte länger als die verdammten zwölf Jahre. Und nur, wenn wir uns zu dieser Geschichte bekennen, haben wir die Kraft, Zukunft zu gestalten. Ja, wir bekennen uns zu unserer Verantwortung für die zwölf Jahre. Aber, liebe Freunde, Hitler und die Nazis sind nur ein Vogelschiss in über tausend Jahren erfolgreicher deutscher Geschichte.[36]

Man denke: über tausend Jahre! Das ist ja wirklich mehr als die paar Jahre, just so lange, wie die Zeit Hitlers und der Nazis deren Absicht zufolge hätte dauern sollen. Im Bann des Schlagwortes vom tausendjährigen Reich erliegt Gauland der Versuchung eines Größenvergleichs, der die deutsche Größe nur deshalb im tausendjährigen Erfolgsmodus halten kann, weil er das zu Verdammende auf ein Dutzend Jahre reduziert.

Nicht weniger sonderbar als Gaulands Zählweise ist seine Wahrnehmung einer tausendjährigen Geschichte unter dem Aspekt ihres »Erfolgs«. So undeutlich auch bleibt, woran sich der Erfolg einer Nationalgeschichte bemessen sollte, so deutlich erscheint als das eigentlich Verdammenswerte an Hitler und den Nazis ihre Erfolglosigkeit (wie die Wirkung eines schlechten Gewürzes, das in der kleinen Menge von bloß zwölf Jahren tausend Jahre Erfolg zu versalzen droht).

Erneut ergibt sich die Wirkungsmacht der auch hier wieder höchst erfolgreichen Provokation des – im Vortrag langsam, genau, fast genüsslich ausgesprochenen – Wortes »Vogelschiss« aus der Kraft der Negation: Was immer es ist, das die tausendjährige deutsche zu einer Erfolgs-Geschichte macht, die Nazis und ihre zwölf Jahre kommen darin nicht vor; sie sind kein Teil davon, sondern bleiben außerhalb der Zählung. Die »ruhmreiche Geschichte«, zu der Gauland und die Seinen sich »bekennen« wollen, ist von der »Verantwortung für die zwölf Jahre«, zu der sie sich ebenfalls »bekennen«, nicht nur syntaktisch getrennt, sondern auch sachlich. Nur aus der vom »Vogelschiss« sorgsam geschiedenen ruhmreichen Geschichte und gerade nicht aus der Erinnerung an die verdammten zwölf Jahre verspricht er sich und seinen Zuhörern »die Kraft, Zukunft zu gestalten«.

Aber wer von seiner geschichtlichen Verantwortung so spricht, der hat sie eben damit schon abgestreift. Beim Wort genommen, ist das, was Gauland sagt, das genaue Gegenteil von Björn Höckes Unterstellung, bis 1945 setze die große Vergangenheit sich bruchlos fort. Und doch dienen die beiden gegenläufigen Strategien, das Herausrechnen ebenso wie die Kontinuitätsbehauptung, demselben Ziel: der Bagatellisierung des Holocaust und damit einem Bild der deutschen Geschichte, dessen Glanz durch keine Verbrechen ernsthaft getrübt wird.

Drastischer noch hat der stellvertretende Vorsitzende der AfD-Fraktion im baden-württembergischen Landtag, Emil Sänze, gleich die gesamte deutsche Geschichte für seinen Kampf gegen Volksfremde mobilisieren wollen. Wenn die demokratisch gewählte Landtagspräsidentin Muhterem Aras, seit Jahrzehnten deutsche Staatsbürgerin, von den Deutschen in der ersten Person Plural spricht, dann versteht Sänze das als eine Provokation, die er zum Anlass für eine unmissverständliche Positionsbestimmung nimmt: »Sie benutzt«, sagt er, »das ›Wir‹, als wäre sie hier voll integriert, sie wird aber nie voll integriert sein qua ihrer Herkunft.«[37] Qua ihrer Herkunft? Das heißt, aufgrund ihrer ethnischen, deutlicher gesagt: ihrer biologischen Zugehörigkeit zu einer nicht aus Deutschland stammenden Familie.

Sänze liegt viel daran, diese Überzeugung möglichst scharf und deutlich zu formulieren; und seine Fraktion unterstützt ihn dabei nach Kräften. Auf deren Website hat er das Gemeinte in einer Weise entfaltet, die an rassistischer Eindeutigkeit nichts zu wünschen übrig lässt. Selbstbewusst, unter seinem großformatigen Porträtfoto, erklärt er dort:

Als der unsägliche Judenmord stattfand, hatten die Vorfahren von Frau Aras daran genauso wenig Anteil wie am Sieg Ottos des Großen über die Ungarn, an den Opfern der Bevölkerung im Dreißigjährigen Krieg, an der Reichsgründung Bismarcks oder an der Verabschiedung des Grundgesetzes. Niemand von Frau Aras' Familie hat in unserem Land Steuern gezahlt oder in den Kriegen dieses Landes fechten müssen oder in seinen Rückschlägen Opfer gebracht. Zum glänzenden Lack dieses Landes, den Frau Aras zitiert, haben ihre Vorfahren nicht beigetragen. Entsprechend brauchen wir keine Belehrung von Frau Aras über den Holocaust, den sie sich hier entgegen ihren leutseligen Versicherungen wie eine nützliche Rosine für ihr Migrationsgesellschafts-Narrativ und für ihre Delegitimierung des gewachsenen deutschen Staatsvolkes aus unserer Geschichte herausselektiert.[38]

Was Sänze hier wie selbstverständlich »Familie« nennt, umfasst eine deutsche Stammtafel, die sich bis zur Schlacht auf dem Lechfeld 955 zurückverfolgen lassen muss. Übersehen hat er, dass den Nachweis dieser Genealogie mutmaßlich nicht nur keine der heute in Deutschland lebenden Familien erbringen könnte; selbst Angehörige des ältesten Adels kämen hier in größte Schwierigkeiten. Auch Opfer des »unsäglichen Judenmordes«, die von deutschen Uniformierten aus Nachbarländern deportiert (und dann auf der Rampe von Auschwitz, mit dem hier Frau Aras zugeschobenen Terminus, »selektiert«) worden sind, dürften Sänzes Prämissen zufolge nicht mitreden. So wenig wie ihre Nachfahren. Wer unter diesen Nachfahren im Blick auf in deutschen Vernichtungslagern ermordete Vorfahren etwa seine oder ihre Ansicht zum Holocaust öffentlich vorbrächte, verfiele vielmehr demselben Sänze'schen Verdikt wie die aus einer türkischen Familie stammende Frau Aras. Was der AfD-Abgeordnete als Voraussetzung nicht nur für die Übernahme eines politischen Amtes oder für die Teilnahme an gesellschaftlichen Debatten, sondern überhaupt als Voraussetzung einer Zugehörigkeit zu »Deutschland« verlangt, ähnelt bedenklich einem Ariernachweis. Was er ins Netz stellt, ist seine Neuformulierung der Überzeugung, eine Rassefremde könne keine Volksgenossin sein.

Gegen diese Grundhaltung hat der baden-württembergische Ministerpräsident Winfried Kretschmann den Grundsatz in Erinnerung gebracht, es gebe »keine Freiheit für Feinde der Freiheit und keine Toleranz für Feinde der Toleranz«. Darauf wiederum hat der Abgeordnete Sänze geantwortet: »Für mich spricht der Ministerpräsident, der sich hier zum Demokratiegaranten aufwerfen will, die drohende Sprache des Stacheldrahtes und der Internierung.«[39]

Das ist der Tief- und Endpunkt von Sänzes Volkstumsideologie: eine Umkehrung der Verhältnisse von Opfern und Tätern, in der die Feinde der Freiheit sich verfolgt sehen von deren Verteidigern, in der die Rhetoriker der Ausschließung – die doch schließlich vom Lechfeld 955 bis Stuttgart 2018 nur deutsches Volkstum gegen fremde Eindringlinge verteidigt haben – sich angesichts kritischer Gegenstimmen bereits auf dem Weg in die Konzentrationslager sehen.

Unsere Sprache, unsere Kultur

Wann immer der studierte Historiker Björn Höcke und der auf seine Belesenheit Wert legende Bildungsbürger Alexander Gauland den Versuch einer positiven Bestimmung dessen unternehmen, was sich ihrer Ansicht nach in der erfolgreichen deutschen Geschichte als kulturelle »Identität« zeigt, bleiben die Erträge nicht nur dürftig, sondern widersprüchlich und nicht selten sachlich falsch.

Ebenfalls bei einem Kyffhäuser-Treffen der AfD am 2. September 2017 hat sich Gauland ausführlich auf die »große deutsche Geschichte, Tradition und Kultur« berufen, beginnend mit der Zeit Friedrichs II. von Hohenstaufen, die er »die letzte große mittelalterliche Epoche« nennt.[40] Zwischen Friedrichs Tod in Italien 1250 und Martin Luthers fünfundneunzig Thesen 1517 übergeht Gauland fast dreihundert Jahre, die Blütezeiten der Mystik und des Humanismus; und von Luther springt er mit derselben Unbekümmertheit direkt in die Goethezeit. Sie sei, erklärt er, »der Beginn einer großen Zukunft« gewesen. »Denn, liebe Freunde, ohne die Goethezeit wäre die Bismarckzeit nicht möglich gewesen«; ein Satz, der ihm überraschenden Applaus einbringt. Gauland fährt fort:

> Was in der Bismarckzeit, eben auch in diesem [dem Kyffhäuser-]Denkmal, die Vollendung erlebte, hatte Luther begonnen, hatte Lessing fortgesetzt und hatte die goethesche Sprache vollendet. Es war die Dominanz deutscher Kultur und deutscher Sprache in Europa.

Abermals antwortet Gauland dankbarer Applaus.[41]

Doch wofür nimmt der Redner hier Luther, Lessing und Goethe – und wenig später, in einer erweiterten Aufzählung, »Bach, Heine, Goethe, Schiller, Kleist, Schubert« – eigentlich in Anspruch? Für diejenige Durchsetzung einer »Dominanz deutscher Kultur und deutscher Sprache«, die in Bismarck ihre Vollendung und im Kyffhäuser-Denkmal ihren endgültigen Ausdruck gefunden habe. Die deutsche Literatur, Philosophie, Theologie begreift Gauland als Instrumente im Kampf um die deutsche Vorherrschaft. Und als sonst nichts.

Es ist ein erstaunlicher Befund: In keiner anderen Hinsicht kommen Luthers evangelische Rechtfertigungslehre, Lessings Toleranzgedanke, Goethes Humanitätsideal in Gaulands Rede in den Blick als allein in derjenigen einer Machtpolitik – die sich eben deshalb auch nicht mehr mit Thesen und Dichtungen allein begnügen konnte, sondern der militärischen Expansion bedurfte. Nicht weniger als »die Vollendung« erlebte die Zeit Goethes und Schillers – und mit ihr auch gleich diejenige Luthers und diejenige Friedrichs von Hohenstaufen – in Bismarck und im 1896 auf Anregung des Deutschen Kriegerbundes errichteten Kyffhäuser-Denkmal, in dessen Mitte der militärisch gewappnete Kaiser Wilhelm I. gegen Frankreich reitet. Und umgekehrt: Ohne Bismarck, Kaiser Wilhelm und die Schlacht von Sedan wäre alles, was Luther gepredigt, Lessing inszeniert und Goethe geschrieben hat, leider unvollendet geblieben. (Und kein Erfolg geworden.)

»Wir«, so hat Björn Höcke beim Kyffhäuser-Treffen im Juni 2018 ausgerufen, »müssen uns entscheiden, ob wir Schafe oder Wölfe sein wollen, und wir entscheiden uns dafür, Wölfe zu sein!« Ob er damit nun auf Joseph Goebbels' Artikel im NS-Blatt *Der Angriff* vom April 1928 anspielen wollte, in dem Goebbels den Weg seiner »antiparlamentarischen Partei« ins Parlament damit rechtfertigt, die Nazis gingen dorthin ja nicht »als Freunde, auch nicht als Neutrale«, sondern so, »wie der Wolf in die Schafherde einbricht«,[42] oder ob die Ähnlichkeiten rein zufällig sind – im Bemühen um eine kulturgeschichtlich positive, inhaltlich gefüllte Bestimmung ihres deutschen »Wir« sehen die AfD-Wölfe ziemlich schafsköpfig aus. (Wie ja, Goethes Bemerkung im *West-östlichen Divan* zufolge, »die dummen Eingeengten / Immerfort am stärksten pochten / Und die Halben, die Beschränkten / Gar zu gern uns unterjochten«.[43])

Denn natürlich lag Luther in seiner volkssprachigen Übersetzung der Heiligen Schrift, in seinen deutschen Flugschriften und Predigten nichts so fern wie der Gedanke einer Einigung und Expansion des deutschen Reiches; kein Ziel verfolgte Lessing mit dem Bemühen um die Etablierung eines aufgeklärten deutschen Nationaltheaters so dringlich wie eben die Verbreitung der europäischen Aufklärung; und keinem deutschen Dichter und Denker war die Idee einer exklusiven Nationalkultur so zuwider wie Goethe. Buchstäblich im Geburtsaugenblick desjenigen romantischen Nationalismus, der mit der Niederlage Napoleons beginnt und deren zur Fratze gewordenes Zerrbild Gauland und Höcke zeigen, in eben den Jahren, in denen Heinrich von Kleist gegen Napoleons französische Soldaten Germania an ihre Kinder ausrufen ließ: »Dämmt den Rhein mit ihren Leichen, / Laßt […] ihn dann die Grenze sein«,[44] in denen Ernst Moritz Arndt in patriotischen Versen »des Teutschen Vaterland« als den Ort proklamierte,

»wo Zorn vertilgt den franschen Tand«,[45] und der Jenaer Burschenschaftler Karl Ludwig Sand den Erfolgsdramatiker August von Kotzebue mit den Worten »Hier, du Verräter des Vaterlandes!« ermordete – in ebendiesen Jahren hat Goethe unablässig daran erinnert, dass es im Wesen der Kultur selbst liege, über die Grenzen zu treten, und dass keine Ideologien so erbärmlich miteinander übereinstimmen wie die konkurrierenden und von Polen und Serbien bis Dänemark und England immer nach denselben Mustern funktionierenden Nationalismen. In demonstrativ schrägen, verächtlichen Reimen schreibt er:

Und wer franzet oder brittet,
Italiänert oder teutschet,
Einer will nur wie der andre,
Was die Eigenliebe heischet.[46]

Goethe schreibt das im *West-östlichen Divan*, seinem größten Gedichtbuch, dem ambitioniertesten lyrischen Unternehmen seines Lebens, das mit liebevoller Neugier die Gemeinsamkeiten von christlichen, jüdischen und islamischen Traditionen erkundet. Er selbst zeigt sich dabei gleich in seinen eröffnenden Strophen im historischen Gewand des Propheten Mohammed, der vor den Schrecken der europäischen Kriege die Hegire in *sein* Medina vollzieht – also seine Hedschra, die Flucht, mit der die muslimische Zeitrechnung beginnt:

Flüchte du, im reinen Osten
Patriarchenluft zu kosten[47]

Und nur nebenbei: Wer etwa die 114. Sure des Koran im arabischen Original nachlesen wollte, könnte das in der Leipziger Universitätsbibliothek tun; da findet sie sich in Goethes geduldig erlernter arabischer Handschrift.[48]

(Überhaupt lässt sich – wenn diese Zwischenbemerkung hier erlaubt ist – die Frage nach dem Verhältnis der deutschen Literatur zum Islam knapp und einfach beantworten: Der Islam gehört zur deutschen Literatur. Er gehört zu ihr von Adam Olearius' barocken Nachdichtungen Sa'dis über Lessings Studien zum islamischen Monotheismus und Friedrich Rückerts Nachdichtungen sufisischer Mystiker bis zu den *Duineser Elegien*, deren Engel- und Inspirationsbilder Rilke selbst auf die Heimsuchung Mohammeds durch den Erzengel Gabriel zurückführt; von den Reiseberichten Engelbert Kaempfers und Carsten Niebuhrs über Karl Mays religionsgeschichtlich wissbegierigen Orient-Zyklus bis zu den expressionistischen Mohammed-Bildern Klabunds – und so fort. Kein anderer deutscher Dichter aber hat sich so intensiv und innig, so ausdauernd und differenziert mit der Gestalt des Mohammed, mit dem Koran, den er vergleichend in unterschiedlichen Übersetzungen las, mit orthodoxer und heterodoxer muslimischer Theologie befasst wie Goethe, vom *Mahomet*-Drama der Sturm-und-Drang-Jahre bis in die Gedichte und Abhandlungen der *Divan*-Zeit. – Ende der Zwischenbemerkung.)

Was aber macht denn die alle gesellschaftlichen Gruppen und Generationen, alle Gegenden und Gebräuche, ja sogar alle kulturellen Bewegungen und Epochen verbindende Einheit, was macht diese »Identität« einer nationalen Kultur aus? Keine gemeinsame Religion oder Weltanschauung, Wesensart oder Lebensweise, hätte Goethe geantwortet – wie sollte die auch aussehen, homogen zwischen Böhmen und Bentheim, Nordschleswig und Südtirol? –, sondern nur die gemeinsame Sprache. Mehr nicht? Mehr nicht. Das aber ist ja unendlich viel mehr, als man auf den ersten Blick begreift: Zu dem, was als verbindende Kultur wahrgenommen werden kann, gehören die in dieser Sprache formulierten Weltsichten, Religionen, Lebensweisen und Anschauungen aller in dieser Sprache über Räume und Zeiten hinweg verbundenen Menschen, und zwar in eben der Vielfalt der Identitäten, Rollen und Modelle, die ihr Reichtum und ihr Glück ist. Natürlich umfasst der Begriff »Kultur« mehr als nur die Sprache und das in ihr Geformte; aber was immer an Konventionen, Umgangsformen, Institutionen und Gebräuchen mit in ihn eingeht, es erwiese sich bei näherem Hinsehen doch jedes Mal als zeitlich, regional, sozial begrenzt und käme darum für eine Räume und Zeiten umfassende, also alle dieser Kultur Zugehörigen von allen anderen trennscharf unterscheidende, mithin *spezifische* »Identifikation« nicht in Betracht. »Ein Volk ist der Inbegriff von Menschen, welche dieselbe Sprache reden«, hat Jakob Grimm auf dem ersten Germanistentag gesagt, in Frankfurt a. M. 1846.

Genau diesen alten, aufklärerischen Gedanken nun hat am 14. Mai 2017 die SPD-Politikerin und Integrationsbeauftragte der deutschen Bundesregierung Aydan Özoğuz wiederholt, in lakonischer Kürze. In einem Beitrag für den *Tagesspiegel* schrieb sie:

> Deutschland ist vielfältig und das ist manchen zu kompliziert. Im Wechsel der Jahreszeiten wird deshalb eine Leitkultur eingefordert, die für Ordnung und Orientie-

> rung sorgen soll. Sobald diese Leitkultur aber inhaltlich gefüllt wird, gleitet die Debatte ins Lächerliche und Absurde, die Vorschläge verkommen zum Klischee des Deutschseins. Kein Wunder, denn eine spezifisch deutsche Kultur ist, jenseits der Sprache, schlicht nicht identifizierbar. Schon historisch haben eher regionale Kulturen, haben Einwanderung und Vielfalt unsere Geschichte geprägt. Globalisierung und Pluralisierung von Lebenswelten führen zu einer weiteren Vervielfältigung von Vielfalt.[49]

Goethe, Lessing und Jakob Grimm hätte Aydan Özoğuz bei diesen Beobachtungen vermutlich auf ihrer Seite gehabt; vielleicht auch den Dichter des *Deutschlandliedes*, den Philologen Hoffmann von Fallersleben, dessen Vaterlands-Bild ursprünglich gar nicht imperial-expansiv gedacht war, sondern als Ideal einer sprachlichen Einheit in der Vielfalt. *In* der Sprache aber ist die deutsche Kultur auch für die Verfasserin dieses Artikels »identifizierbar«, lebendig im Reichtum ihrer Varianten.

Das von Björn Höckes Thüringer AfD-Fraktion im April 2018 vorgelegte Positionspapier zu *Leitkultur, Identität, Patriotismus* zitiert den Satz, eine spezifisch deutsche Kultur sei, jenseits der Sprache, schlicht nicht identifizierbar, gleich einleitend und zieht daraus für die »politische Agenda« von Frau Özoğuz – »die hier stellvertretend für viele Politiker von der CDU bis zur Linkspartei steht« – eine erstaunliche Schlussfolgerung: »Wenn jenseits der deutschen Sprache eine spezifisch deutsche Kultur nicht identifizierbar ist, gibt es auch nichts Spezifisches, das die Deutschen untereinander verbindet.«[50]

Das ist logisch betrachtet Unsinn, denn natürlich gibt es dann etwas, das die Deutschen untereinander verbindet – eben diese deutsche Sprache. Die allerdings schafft eine grundsätzlich andere Art von Verbindung, als es die inhaltlich bestimmten »Eigentümlichkeiten des Nationalcharakters« sein sollen, in denen die Verfasser einige Seiten später »die deutsche Seele zum Ausdruck«[51] kommen sehen und in den abschließenden Passagen gar, in einem bei näherem Hinsehen immer unheimlicheren Singular, »die deutsche Lebensweise«.[52] Die »Eigentümlichkeiten«, die dann im selben Papier als Beispiele für das »Spezifische« angeführt werden, das die deutsche Lebensweise ausmache, werden benannt in Aufzählungen wie dieser (die Aydan Özoğuz' Bemerkung eindrucksvoll illustriert, dass die inhaltliche Bestimmung einer deutschen Leitkultur rasch zu »Klischees des Deutschseins« verkomme):

> Das Bauhaus, Benedikt XVI. (»Wir sind Papst«), der Deutsche Idealismus, unsere Dichter und Denker (wie z. B. Goethe, Schiller, Heine, Fontane), der Diplomingenieur, die D-Mark, das evangelische Pfarrhaus, die Fußball-Bundesliga, Gemütlichkeit, Grimms Märchen, die Hanse, unsere Komponisten (wie Bach, Beethoven, Mendelssohn Bartholdy, Wagner), Martin Luther und die Reformation, Ordnungsliebe, das Reinheitsgebot, der Schrebergarten, VW Käfer und Trabant, das »Wirtschaftswunder«, Winnetou, Wurst (Thüringer Bratwurst, bayrische Weißwurst etc.).[53]

Nicht dass dies alles nicht irgendwie zu Deutschland gehörte. Aber man muss sich nur für einen Augenblick fragen, wo man selbst sich zwischen Winnetou, Weißwurst und Wagner wiederfindet, um Zweifel daran zu empfinden, ob dieses Sammelsurium wirklich Ausdruck einer alle Deutschen verbindenden Kultur sei oder gar der im Singular als verbindend ausgegebenen, verbindlich gemachten »deutschen Seele«. Und man könnte weiterfragen, wie eigentlich der Körper aussehen soll, in dem diese deutsche Seele wohnt. Welche Haarfarbe hat er, welche Hautfarbe? Und in welchen, in wessen Körpern kann sie *nicht* wohnen?

Nein, weder der Papst noch der Diplomingenieur noch ihr Miteinander verkörpern eine spezifisch deutsche Identität (schon gar nicht in dieser ausschließlich von Männern dominierten Zusammenstellung), sondern nur die Sprache, in der sie alle sich miteinander unterhalten können, jede und jeder in einem eigenen Dialekt und Jargon, Slang und Stil.

Nun ist die Integrationsbeauftragte Aydan Özoğuz, die diesen Goethe'schen Gedanken im Mai 2017 wiederaufgenommen hat, aber eine deutsche Staatsbürgerin, die aus einer türkischen Familie stammt, und dieser Umstand hat ihren Satz in den Ohren von Höckes völkisch-rassistischen Truppen wie Hohn klingen lassen. Vor AfD-Anhängern im Eichsfeld hat Alexander Gauland über Frau Özoğuz bemerkt:

> Ladet sie mal ins Eichsfeld ein, und sagt ihr dann, was spezifisch deutsche Kultur ist. Danach kommt sie hier nie wieder her, und wir werden sie dann auch, Gott sei Dank, in Anatolien entsorgen können.[54]

Nicht nur das »entsorgen« sollte hier aufhorchen lassen, das für Schlagzeilen und für die üblichen nachträglichen Relativierungen sorgte, sondern noch zwei andere Aspekte. Erstens: Warum wird Frau Özoğuz, wenn ihr von den Bewohnern des Eichsfeldes gezeigt worden ist, »was spezifisch deutsche Kultur ist«, anschließend »nie wieder her« kommen? Welches Spezifikum der spezifisch deutschen Kultur sollte hier Frau Özoğuz vermittelt werden? Welcher Art ist diese Vermittlung, wenn die Adressatin anschließend »entsorgt« werden muss? Und zweitens: Wer ist das »Wir«, das Frau Özoğuz »in Anatolien entsorgen« will? Es sind, folgt man dem Text, die Vertreter jener spezifisch deutschen Kultur. Sie gleichen zum Verwechseln Bandenmitgliedern, die es ihren Opfern erst mal so richtig zeigen, sie dann erledigen und schließlich entsorgen. Nein, Gaulands Sprache ist auch hier wahrhaftig nicht die Sprache Goethes und Fontanes. Sie ist bloß der schlecht verkleidete Jargon von Gangstern.

Anmerkungen

Alle Internetadressen wurden zuletzt am 17. Januar 2019 aufgerufen.

1 So Alexander Gauland im Gespräch mit der *FAZ* über seine »Vogelschiss«-Metapher: https://www.faz.net/aktuell/politik/inland/gauland-interview-AfD-will-grenzen-des-sagbaren-ausweiten-15627982.html
2 https://www.bundestag.de/dokumente/textarchiv/2018/kw20-de-einspruch-ordnungsruf/555494
3 https://www.AfDbundestag.de/rede-von-alice-weidel-zur-haushaltsdebatte-im-bundestag/
4 http://www.fr.de/politik/AfD-hunderte-strafanzeigen-gegen-beatrix-von-storch-a-1418013
5 https://www.youtube.com/watch?v=iumkytk-CYU, auch in der *FAZ* vom 5. Juni 2016: https://www.faz.net/aktuell/politik/inland/zum-nachlesen-gaulands-rede-im-wortlaut-14269861.html?printPagedArticle=true#pageIndex_0
6 Interview in der *FAZ* vom 5. September 2018, S. 2.
7 Siehe Anm. 5.
8 Ebd.
9 *ZEITmagazin* vom 25. Februar 2016, S. 30–37. Eine Zusammenfassung findet sich hier: https://www.zeit.de/politik/deutschland/2016-02/alexander-gauland-AfD-fluechtlingskrise-fluechtlingspolitik-grenzen
10 https://www.facebook.com/BeatrixVonStorch/posts/1046239668750811
11 https://www.zeit.de/politik/2016-01/alternative-fuer-deutschland-beatrix-von-storch-petry-schusswaffen
12 https://www.tagesspiegel.de/politik/hoecke-rede-im-wortlaut-gemuetszustand-eines-total-besiegten-volkes/19273518-all.html
13 Walther Hofer (Hrsg.), *Der Nationalsozialismus. Dokumente 1933–1945*, Neuausg., Frankfurt a. M. 1982, S. 23; vgl. Cornelia Schmitz-Berning, *Vokabular des Nationalsozialismus*, Berlin / New York [2]2007, S. 599.
14 Hier und im Folgenden: Gauland-Interview in der *FAZ* vom 4./5. September 2018, S. 2. Siehe auch: https://www.faz.net/aktuell/politik/inland/AfD-chef-gauland-friedliche-revolution-gegen-das-politische-system-15771150.html

15 Ebd.

16 Am 6. September 2018, https://rp-online.de/politik/deutschland/horst-seehofer-lehnt-stichtagsregelung-fuer-fluechtlinge-als-fachkraefte-ab_aid-32736207

17 Sitzungsprotokoll der 48. Sitzung des Deutschen Bundestages in der 19. Wahlperiode, 12. September 2018, S. 5035–5039.

18 Ebd.

19 *FAZ* vom 6. Oktober 2018, S. 8. Siehe auch: https://www.faz.net/social-media/instagram/alexander-gauland-warum-muss-es-populismus-sein-15823206.html

20 Hier und im Folgenden zitiert nach dem Videomitschnitt: https://www.youtube.com/watch?v=RCb4KWtzLyo

21 Hier und im Folgenden zitiert nach: https://www.tagesspiegel.de/politik/hoecke-rede-im-wortlaut-gemuetszustand-eines-total-besiegten-volkes/19273518-all.html

22 Ebd.

23 Siehe Anm. 5.

24 Siehe Anm. 21.

25 Ebd.

26 https://AfD-thl.de/2017/01/18/persoenliche-erklaerung-von-bjoern-hoecke-zu-seiner-dresdner-rede/

27 Siehe Anm. 21.

28 Ebd.

29 Siehe Anm. 5.

30 Siehe Anm. 21.

31 Tagesschau vom 24. September 2017.

32 https://www.theeuropean.de/doku-mentation/13733-alexander-gauland-antwortet-der-bundeskanzlerin

33 Thomas Mann, »Ein Briefwechsel«, in: T. M., *Essays*, Bd. 4.: *Achtung, Europa! 1933–1938*, hrsg. von Hermann Kurzke und Stephan Stachorski. Frankfurt a. M. 1995, S. 183–191. Siehe auch: https://www.zeit.de/1964/45/brief-an-den-dekan/komplettansicht

34 Johann Wolfgang Goethe, »Epirrhema«, in: J. W. G., *Gedichte*, hrsg. von Stefan Zweig, Stuttgart 1967, S. 198.

35 https://www.zeit.de/2016/17/alexander-gauland-AfD-cdu-konservatismus/komplettansichtAfD

36 https://www.youtube.com/watch?v=78spEzkbUAM

37 https://www.faz.net/aktuell/politik/inland/antisemitismusbeauftragter-klein-kritisiert-AfD-15718682.html

38 http://AfD-fraktion-bw.de/aktuell/1119/Emil-Sänze-Muhterem-Aras'-peinliche-Selbstinszenierung-im-Konzentrationslager

39 https://www.presseportal.de/pm/127902/4082327

40 Hier und im Folgenden nach dem Videomitschnitt: https://www.youtube.com/watch?v=RCb4KWtzLyoAfD

41 Ebd.

42 Joseph Goebbels: »Was wollen wir im Reichstag?« In: *Der Angriff*, 30. April 1928, S. 71–73. Faksimile online: http://www.archive.org/stream/DerAngriff-AufsaetzeAusDerKampfzeit/GoebbelsJoseph-DerAngriff-AufsaetzeAusDerKampfzeit1935345S.ScanFraktur#page/n71/mode/2up

43 Johann Wolfgang Goethe, *West-östlicher Divan. Studienausgabe*, hrsg. von Michael Knaupp, Stuttgart 1999, S. 101.

44 Heinrich von Kleist, »Germania an ihre Kinder«, in: H. v. K., *Sämtliche Werke und Briefe*, Bd. 3: *Erzählungen, Anekdoten, Gedichte, Schriften*, hrsg. von Klaus Müller-Salget, Frankfurt a. M. 1990, S. 430 f.

45 Ernst Moritz Arndt, »Des Teutschen Vaterland«, in: *Gedichte der Romantik*, hrsg. von Wolfgang Frühwald, Stuttgart 1984 [u. ö.], S. 70–72.

46 Johann Wolfgang Goethe, *West-östlicher Divan* (siehe Anm. 43), S. 112.

47 Johann Wolfgang Goethe, »Hegire«, ebd., S. 11 f.

48 Johann Wolfgang Goethe, *West-östlicher Divan*. Teil 1, hrsg. von Hendrik Birus, Frankfurt a. M. 1994, S. 710 und Abb. 24.

49 https://causa.tagesspiegel.de/gesellschaft/wie-nuetzlich-ist-eine-leitkultur-debatte/leitkultur-verkommt-zum-klischee-des-deutschseins.html

50 https://AfD-thl.de/wp-content/uploads/sites/20/2018/05/Leitkultur-Identität-Patriotismus.pdf, S. 6 f.

51 Ebd., S. 29 f.

52 Ebd., S. 68.

53 Ebd., S. 29 f.

54 Nach dem Videomitschnitt: https://www.youtube.com/watch?v=iV7YgdSRCLI

Nachbemerkung

Der hier in überarbeiteter und erweiterter Form vorgelegte Text entstand auf Einladung von Thomas Sternberg und Stefan Vesper, dem Vorsitzenden und dem Geschäftsführer des Zentralkomitees der deutschen Katholiken. Er wurde, in etwa auf die Hälfte gekürztem Umfang, zuerst während der Plenarversammlung am 23. November 2018 in Bonn vorgetragen und danach, als Ton- und als Lesedokument, auf der Website des ZdK veröffentlicht. Eine nochmals stark gekürzte Fassung erschien in der *Frankfurter Rundschau* vom 28. November. Es folgte wenig später ein Interview zum selben Thema, das, wiederum in unterschiedlich langen Versionen, im *Kölner Stadtanzeiger*, in der *Berliner Zeitung* und in anderen Blättern erschien.

Diese Beiträge lösten heftige Reaktionen aus, die teils öffentlich, teils in Zuschriften an den Verfasser geäußert wurden. Sie reichen von energischer Zustimmung bis zu empörter Zurückweisung. Nur auf einige dieser negativen Reaktionen will ich hier exemplarisch eingehen. Denn sie zeigen eine Wirkung der in meinem Text erörterten Redeweisen, mit der mich abzufinden mir wohlmeinende Freunde empfehlen und mit der ich mich doch keineswegs abfinden möchte – und zwar gerade *weil* sie mittlerweile allgegenwärtig scheint und auf dem Weg zur Gewohnheit. Was schon in Dolf Sternbergers *Wörterbuch des Unmenschen* 1957 als »dieser gewalttätige Satzbau, diese verkümmerte Grammatik, dieser monströse und zugleich krüppelhafte Wortschatz« des NS-Jargons beschrieben wird und was sich derzeit in der Rhetorik auch der parlamentarischen Rechten fortsetzt – hier findet es seinen aktuellen Ausdruck.

Auf meine Rede habe ich Antworten erhalten, die in einer bizarren Weise bestätigen, was ich in ihr kritisiert habe, dies aber im Gestus empörten Widerspruchs. Auf den Vorwurf, sich der Sprache von Gangstern zu bedienen, antworten mir diejenigen, die sich angegriffen fühlen, mit der Androhung von Gewalt; auf den Vorwurf der Vulgarisierung und Verrohung antworten sie roh und vulgär; auf den Vorwurf eines Missbrauchs der deutschen Sprache antworten sie in einem Deutsch, das vom richtigen Gebrauch dieser Sprache nichts zu wissen scheint.

Vom Plenartreffen des ZdK berichtet die Website *journalistenwatch.com* am 26. November 2018 so:

> Köln – Frauen dürfen sich scheinbar vergewaltigen lassen und sollen anschließend die Klappe halten. Dieses Credo mutmaßlich am Stockholmsyndrom leidenden Eliten war auch am Freitag auf der Vollversammlung des Zentralkomitees der deutschen Katholiken (ZdK) zu hören. Eines der Themen. »Äußerungen der AfD und ihre Wirkung.«, beackert von »Literaturwissenschaftler« Professor Heinrich Detering. Das scheinheilige Resümee seiner »Sprachkritik« am »Populistensprech«: Die AfD redet einen »schlecht verkleideten Jargon von Gangstern«.

»Äußerungen der AfD und ihre Wirkung«, »Sprachkritik« und »Populistensprech«? Keines dieser als Zitate markierten Worte ist in meiner Rede vorgekommen. Eingeladen aber war ich tatsächlich als Literaturwissenschaftler. Dass diese Berufsbezeichnung in der Meldung und in diversen Kommentarmails in mokant distanzierende Anführungszeichen gesetzt wird, als sei ich ein ›sogenannter‹ (wenn nicht ›selbsternannter‹) Literaturwissenschaftler, folgt einer Strategie der Delegitimierung, die mir charakteristisch für die Selbstimmunisierung der *community* erscheint. Demnach seien Leute wie ich, so erklärt ein Kommentar, gar

> keine Wissenschaftler, sie schaffen kein Wissen, sie haben auch keine Wissenschaften studiert, im wissenschaftlichen Sinne, außer sog. Geschwätzwissenschaften, sie schaffen kein Wissen sondern Meinungen, es sind Meinungsschaftler und sie lehren keine Wissenschaften sondern Meinungsschaften.

Dem Beispiel folgen viele Empörte. Unter ihnen sind ein Absender, der mich verächtlich »diese[n] Berufsintellektuelle[n] Professor Detering« nennt, und ein namentlich signierender Arzt aus Staufen kommentiert:

> Diesmal muß also ein »Literatur-Wissenschaftler« als polit-kompetente Quelle im linken Kampf gegen Rechts herhalten. Normalerweise werden zu diesem Zweck doch irgendwelche rot eingefärbten Bühnenkünstler ohne Qualifikation und politische Kompetenz bemüht, die dann in wohlverpackter Dosierung ihre Betroffenheit und politischen (Un)Kenntnisse der – das »fahrende Volk« bestaunenden – konfliktscheuen Schafherde nahebringen.

Von irgendwelchen »Wissenschaftlern«, die er ebenfalls kategorisch in distanzierende Anführungszeichen setzt, will ein mehrfach in die Debatte eingreifender Kommentator sich grundsätzlich nichts sagen lassen: »Ich werde weiterhin alle meine Gedanken so äußern, wie sie mir einfallen. Ob diese Äußerung irgendwelchen ›Wissenschaftlern‹ im Satzbau, in der Wortwahl oder unter anderen Gesichtspunkten gefällt oder nicht.« Ein Autor, der unter Pseudonym auftritt, treibt die Delegitimierung noch weiter, indem er die »abstrusen ›Binsenweisheiten‹ von Detering und der irrsinnigen Margot Käßmann« überhaupt außerhalb aller vernunftgemäßen Diskurse sieht (wobei im Eifer der Ausgrenzung auch die »Binsenweisheiten« nur als ›sogenannte‹ erscheinen). Empörter äußert sich ein Schreiber, dessen Mail – wie fast alle übrigen auch – ohne Anrede und Unterschrift auskommt und vollständig so lautet: »Solche Typen wie Sie sind nichts anderes als Abschaum, Hetzer und Spalter. Sie sollten sich einfach nur schämen.«

Eine Fülle von Reaktionen auf die verzerrende Meldung von *journalistenwatch.com* hat mir im Namen dieser Website Margret Vomstern unter der Überschrift »Vox populi« zukommen lassen; sie lesen sich auf weite Strecken wie ein Lehrbuch nicht nur schlechten Stils, sondern auch als ein wüstes Konglomerat aller irgendwie für Ressentiments in Betracht kommenden Feindbilder. Ein erklärter Muslim-Hasser sieht mich an der Seite »vom Grossimam Abdullah Marx, dem fettesten der Konvertiten«, hört mich »die Sprache der seelenlosen Lakaien der Infame« sprechen und fügt höhnisch hinzu: »darauf eine Schweinhax'n!!« (Dass er mich auch zu den »miesen Kiesslingen« zählt, hat mich anfangs verwirrt; er meint vermutlich

»Quislinge«.) Ein Absender erkennt in meiner Rede die Sprache von »Selbsterniedrigern die den Islam mehr huldigen als ihre eigene Religion!!!«

Geben die einen vor, drastisch die christliche Kirche gegen Muslime verteidigen zu wollen, so schließen andere sie gleich mit ins Panoptikum der Feinde ein. Bemerkt ein Absender besorgt: »Die Kirche schafft sich ab«, so antwortet ein anderer umgehend: »Wird auch Zeit.« Ein weiterer fragt sich (und mich) sarkastisch: »Kritik an Migrantengewalt ist Sprache von Gangstern??« und antwortet selbst: »Na klar. Und Kritik an Messdiener vögelnde Pfaffen ist die Sprache der Impotenten!« Unter diesen Umständen findet er es in einer zweiten, ins Grundsätzliche gehenden Mail,

> schön das in Köln die Christen schon in der Unterzahl sind. Es dauert nicht mehr lange bis der Islam Deutschland übernommen hat. Das ist Kirchensterben der allerschönsten Sorte. Dann wird niemand mehr aus den christlichen Kirchen mit hetzerischen Worten versuchen die Gesellschaft zu spalten.

Tatsächlich bleibt schwammig, ob dieser Zustand angesichts der volksfeindlichen Verkommenheit der Kirchen bedauerns- oder begrüßenswert wäre. Ein rabiater Kirchenkritiker formuliert eine Gleichung, die mit der Frontstellung ›Patriotischer Europäer gegen die Islamisierung des Abendlands‹ nicht leicht vereinbar scheint: »Katholizismus und Islamismus ist gleich Satanismus!« Eine Schreiberin echot: »Die Kirche ist genau so ein Pack, manche Pfaffen vergewaltigen Kinder. Deshalb verstehen die sich mit den Invasoren so gut! Finden es wohl Normal.«

Äußerungen wie diese sind im Netz normal, sagen meine Freunde. Ich bin ganz ihrer Meinung und begreife eben darum nicht, warum ich mich mit dieser Normalität abfinden sollte. Dies zumal, da der Übergang von der Pöbelei zur Gewaltandrohung so gleitend ist, dass manche Schreiber ganz leicht und rasch vom einen ins andere abrutschen. Derselbe Autor, der einem »Deutschenhasser« wie mir nur mal die Meinung sagen wollte, ist wenige Mails später schon bei einem Satz angekommen, dem er durch die drei Punkte selbst einen bedrohlichen Klang zu geben versucht; er schreibt: »Auch Katholikenköpfe werden rollen …«

Übrigens hat mich ein ebenfalls unter Pseudonym Schreibender am 10. Dezember 2018, natürlich ebenfalls ohne Anrede und Unterschrift, gefragt: »Sie möchten wohl wegen übler Nachrede und Verleumdung angezeigt werden?« Meine ermutigende Antwort, das doch bitte zu tun, ist bis jetzt (Stand: Februar 2019) ohne Reaktion geblieben.

Leseempfehlungen

Anderson, Benedict: Die Erfindung der Nation. Zur Karriere eines folgenreichen Konzepts. Übers. von Benedikt Burkhard und Christoph Münz. Frankfurt a. M. 2005. [Zuerst 1983 u. d. T. *Imagined Communities*.]

Assmann, Jan: Das kulturelle Gedächtnis. Schrift, Erinnerung und politische Identität in frühen Hochkulturen. München [6]2007.

Assmann, Aleida / Friese, Heidrun (Hrsg.): Identitäten. Frankfurt a. M. 1998.

Feustel, Robert / Grochol, Nancy / Prüwer, Tobias / Reif, Franziska (Hrsg.): Wörterbuch des besorgten Bürgers. Erweiterte Neuauflage. Mainz 2018.

Gardt, Andreas (Hrsg.): Nation und Sprache. Die Diskussion ihres Verhältnisses in Geschichte und Gegenwart. Berlin / New York 2000.

Goethe, Johann Wolfgang: West-östlicher Divan. Studienausgabe. Hrsg. von Michael Knaupp. Stuttgart 1999. [Reclams Universal-Bibliothek. 6785.]

– West-östlicher Divan. 2 Bde. Hrsg. von Hendrik Birus. Frankfurt a. M. 1994.

Habeck, Robert: Wer wir sein könnten. Warum unsere Demokratie eine offene und vielfältige Sprache braucht. Köln 2018.

Kämper, Heidrun: Das Grundsatzprogramm der AfD und seine historischen Parallelen. Eine Perspektive der Politolinguistik. In: Sprachreport. Informationen und Meinungen zur deutschen Sprache. Bd. 33. Mannheim 2017. S. 1–21.

Kermani, Navid: Wer ist Wir? Deutschland und seine Muslime. München [6]2016.

Klemperer, Victor: LTI. Notizbuch eines Philologen. Berlin 1947. [Neuausg. u. a. Stuttgart [24]2010.]

Leo, Per / Steinbeis, Maximilian / Zorn, Daniel-Pascal: Mit Rechten reden. Ein Leitfaden. Stuttgart 2017.

Mann, Thomas: Essays. Bd. 4: Achtung, Europa! 1933–1938. Hrsg. von Hermann Kurzke und Stephan Stachorski. Frankfurt a. M. 1995.

Pieper, Josef: Missbrauch der Sprache – Missbrauch der Macht. In: J. P.: Werke. Hrsg. von Berthold Wald. Bd. 6. Hamburg 2002. S. 132–151.
Scharloth, Joachim: Hassrede und Invektivität als Gegenstand der Sprachwissenschaft und Sprachphilosophie. Bausteine zu einer Theorie des Metainvektiven. In: Aptum 2 (2017). S. 116–131.
– Ist die AfD eine populistische Partei? Eine Analyse am Beispiel des Landesverbandes Rheinland-Pfalz. In: Aptum 1 (2017). S. 1–15.
Schmitz-Berning, Cornelia: Vokabular des Nationalsozialismus. Berlin / New York ²2007.
Schöne, Albrecht: Über politische Lyrik im zwanzigsten Jahrhundert. In: A. S.: Vom Betreten des Rasens. Siebzehn Reden über Literatur. Hrsg. von Ulrich Joost. München 2005. S. 239–298. [Zuerst 1965.]
Sternberger, Dolf / Storz, Gerhard / Süskind, Wilhelm E.: Aus dem Wörterbuch des Unmenschen. Hamburg 1957. [Neuausg. u. a. Frankfurt a. M. / Berlin 1989.]
Stukenbrock, Antje: Sprachnationalismus. Sprachreflexion als Medium kollektiver Identitätsstiftung in Deutschland (1617–1945). Berlin / New York 2005.
Weiß, Volker: Die autoritäre Revolte. Die Neue Rechte und der Untergang des Abendlandes. Stuttgart 2017.

Über den Autor

HEINRICH DETERING, geb. 1959, ist nach Lehrtätigkeiten in München und Kiel seit 2005 Professor für Neuere deutsche und Vergleichende Literaturwissenschaft an der Universität Göttingen. Er hatte Gastprofessuren in den USA, China, Skandinavien, Großbritannien und Estland inne und ist Mitglied der Göttinger Akademie der Wissenschaften, der Königlich-Dänischen Akademie der Wissenschaften, der Mainzer Akademie der Wissenschaften und der Literatur sowie der Deutschen Akademie für Sprache und Dichtung, deren Präsident er von 2011 bis 2017 war. Er veröffentlichte literaturwissenschaftliche Bücher über Goethe, Nietzsche, Hans Christian Andersen, Henrik Wergeland, Raabe, Storm, Thomas Mann, Bob Dylan, Günter Grass sowie mehrere Gedichtbände mit eigenen Texten (zuletzt *Untertauchen*, 2019). Er ist Mitherausgeber der Großen kommentierten Frankfurter Ausgabe der Werke Thomas Manns, der Großen Brandenburger Ausgabe der Werke Theodor Fontanes, der Werke Irmgard Keuns, Hans Keilsons und Peter Rühmkorfs sowie der Hamburger Ausgabe der Werke von Siegfried Lenz. Bei Reclam erschienen sein zweibändiges *Großes Buch der deutschen Gedichte*, Studien zu Nietzsche und zu Bob Dylan, Übersetzungen von Werken Bob Dylans und Hans Christian Andersens sowie ausgewählte Reden und Essays (*Die Öffentlichkeit der Literatur*, 2016). Für sein wissenschaftliches und literarisches Werk erhielt er zahlreiche Auszeichnungen, darunter den Gottfried-Wilhelm-Leibniz-Preis der Deutschen Forschungsgemeinschaft, die Werner-Heisenberg-Medaille, den Hans-Christian-Andersen-Preis und den Julius-Campe-Preis der Kritik. Seit 2013 ist er Ritter des dänischen Dannebrog-Ordens. Er war Ehrengast der Villa Massimo, Inhaber von Poetikdozenturen in Mainz, Kiel, St. Louis und Birmingham, Fellow am Berliner Wissenschaftskolleg und bei der Münchner Siemens-Stiftung sowie 2018 einer der ersten Fellows im Thomas-Mann-Haus in Kalifornien.